THIS BOOK BELONGS TO

JUNIOR DETECTIVE

_____

BEGINNER WORD SEARCH

Look for BEE going across or down.

B	F	O	B	E	E
T	H	V	M	F	R
M	X	J	L	H	B
F	D	O	H	A	E
I	A	B	E	E	E
I	D	B	E	E	W

Bee   Bee

Bee   Bee

1

BEGINNER WORD SEARCH

Look for DOG going across or down.

```
T  K  K  D  O  G
M  G  H  T  K  U
Z  Z  D  O  G  D  U
B  Z  M  K  T  C
D  O  G  C  N  Y
D  O  G  D  K  H
```

Dog   Dog

Dog   Dog

BEGINNER WORD SEARCH

Look for PIG going across or down.

X N P I G P

L Q A H F P

O P C S B I

C I B L P G

Q G A H I R

Q K U Y G D

Pig   Pig

Pig   Pig

3

BEGINNER WORD SEARCH

Look for FISH going across or down.

F P Z Y G S
I P H J M F
S F I S H I
H J F J V S
B P M B G H
F I S H R N

Fish   Fish

Fish   Fish

4

BEGINNER WORD SEARCH

Look for STAR going across or down.

```
S Y R A F G
T A S T A R
A Q S T A R
R J F A J U
A Y S T A R
P D E G E H
```

 Star   Star

Star   Star

5

BEGINNER WORD SEARCH

Look for KING going across or down.

S	L	L	P	X	A
B	J	F	L	K	D
G	H	G	K	I	K
O	F	N	H	N	I
K	I	N	G	G	N
K	I	N	G	J	G

King King

King King

6

BEGINNER WORD SEARCH

Look for FRUIT going across or down.

Z D E Z A F

F R U I T R

F R U I T U

D J W V Y I

Q S Q Q N T

F R U I T G

Fruit   Fruit
Fruit   Fruit

7

BEGINNER WORD SEARCH

Look for PIZZA going across or down.

D T P H J Z V P
Q W I L T J F I
M W Z F E J D Z
K K Z L G R N Z
F Z A P I Z Z A
W D X U Y F J X
B Q P T J V F F
P I Z Z A H A K

Pizza   Pizza

Pizza   Pizza

8

BEGINNER WORD SEARCH

Look for WHALE going across or down.

```
O E F J F S S F
L W H A L E W M
A Y P N D L H O
D K B S G A A H
W H A L E W L L
R S S L A I E P
X T A E X Y E R
W H A L E Z I X
```

Whale   Whale
Whale   Whale

9

BEGINNER WORD SEARCH

Look for LIZARD going across or down.

```
L I Z A R D S G
L Q C S I A N R
I C T L M I M E
Z Y L I Z A R D
A O L I Z A R D
R G R A O J J W
D O Q E X I E V
C P Q C H D Z X
```

Lizard   Lizard
Lizard   Lizard

10

BEGINNER WORD SEARCH

Look for TURTLE going across or down.

S	T	U	R	T	L	E	Z
K	L	W	G	T	D	F	H
J	Y	F	E	U	S	W	L
J	H	Y	H	R	J	E	K
F	T	U	R	T	L	E	A
T	U	R	T	L	E	J	M
B	E	W	I	E	Y	C	E
M	A	Q	O	I	W	Z	S

Turtle Turtle
Turtle Turtle

11

BEGINNER WORD SEARCH

Look for MONKEY going across or down.

```
N  Y  S  W  R  M  G  E
M  I  Y  Z  I  O  Z  T
O  H  U  Q  X  N  Z  E
N  F  M  O  N  K  E  Y
K  W  Y  G  M  E  P  X
E  Y  W  E  F  Y  N  R
Y  M  O  N  K  E  Y  Y
A  I  N  M  S  F  L  B
```

Monkey Monkey
Monkey Monkey

_AM WORD FAMILY

Look for the words going across or down.

```
W  I  H  P  A  M
T  J  A  M  A  S
D  M  C  O  E  C
J  H  L  J  X  A
F  D  A  M  A  M
W  H  A  M  M  D
```

Dam   Pam

Exam   Scam

Jam   Wham

_AT WORD FAMILY

EASY

Look for the words going across or down.

```
H  L  T  C  R  Z
Y  B  F  A  T  T
O  A  P  W  R  H
C  J  P  R  H  A
A  N  A  B  A  T
T  D  T  M  A  T
```

Bat   Hat

Cat   Mat

Fat   Pat

14

_ED WORD FAMILY

EASY

Look for the words going across or down.

U	A	K	H	B	Z
L	W	E	D	E	F
E	R	R	B	D	E
D	E	F	Y	M	D
G	D	Q	M	Q	J
D	F	S	H	E	D

Bed   Red

Fed   Shed

Led   Wed

15

_EN WORD FAMILY

Look for the words going across or down.

X	L	W	Y	C	I
M	U	P	W	B	U
E	T	P	E	N	Z
N	H	W	H	E	N
T	E	N	H	E	N
G	N	Y	M	J	U

Hen   Ten

Men   Then

Pen   When

_IN WORD FAMILY

Look for the words going across or down.

```
Z  P  C  X  Y  P
K  X  F  I  N  F
I  Q  V  N  S  P
N  M  U  X  K  I
T  W  I  N  I  N
P  N  W  I  N  P
```

Fin	Skin
Kin	Twin
Pin	Win

17

_IP WORD FAMILY

Look for the words going across or down.

```
Q  T  Y  T  M  L
I  X  D  I  P  F
S  H  I  P  W  L
C  H  I  P  H  I
X  D  I  J  I  P
T  U  O  Y  P  P
```

Chip   Ship

Dip   Tip

Flip   Whip

18

_OG WORD FAMILY

EASY

Look for the words going across or down.

```
F U P H Z S
R D O G H M
O K J D O O
G X K Q G G
E V B O G Y
J P T L O G
```

Bog   Smog

Frog   Dog

Log   Hog

19

_OT WORD FAMILY

Look for the words going across or down.

```
D O T P O T
R R B S S V
F O A H P F
G H I O O L
O L X T T X
T H O T J N
```

Dot   Pot

Got   Shot

Hot   Spot

20

_UB WORD FAMILY

Look for the words going across or down.

H	U	B	U	H	P
Y	F	L	N	T	T
R	Q	L	M	H	U
U	L	Y	D	G	B
B	G	R	U	B	D
X	C	U	B	C	N

Cub   Rub

Tub   Hub

Dub   Grub

21

_UT WORD FAMILY

Look for the words going across or down.

R	X	O	M	U	F
S	R	T	I	C	S
H	R	U	T	U	Z
U	I	H	U	T	N
T	B	U	T	X	U
Y	A	A	J	W	T

Hut   But

Nut   Cut

Rut   Shut

22

3-LETTER WORD MIXUP

Look for the words going across or down.

D	Z	B	M	P	J
R	A	T	N	E	E
N	H	A	M	N	T
F	J	L	T	H	M
A	W	Z	C	A	P
N	U	I	H	F	D

Fan   Ham

Rat   Jet

Cap   Pen

23

3-LETTER WORD MIXUP

Look for the words going across or down.

```
D  J  O  B  T  R
S  I  P  K  Q  Z
A  Y  O  E  M  G
V  B  U  N  U  U
C  O  P  F  G  T
S  Z  F  K  N  D
```

Bun   Mug

Cop   Job

Sip   Gut

24

3-LETTER WORD MIXUP

Look for the words going across or down.

M	Z	S	L	L	V
K	E	T	V	L	E
A	W	C	U	I	T
X	U	C	E	P	R
C	O	T	L	O	T
P	U	G	M	E	N

Pug   Vet

Cot   Lip

Men   Lot

25

3-LETTER WORD MIXUP

Look for the words going across or down.

K P P E K H
T G O M R O
H S P R B W
E A P U I W
K T T G T H
Y Q Z I K E

Pop Rug

Bit How

Sat The

4-LETTER WORD MIXUP

Look for the words going across or down.

```
C  H  I  N  N  B
T  A  L  A  T  S
W  Q  S  T  C  L
T  W  I  G  R  A
D  R  A  G  A  M
S  H  E  D  B  M
```

Crab   Shed

Drag   Twig

Slam   Chin

27

4-LETTER WORD MIXUP

Look for the words going across or down.

```
P  L  O  T  Q  F
C  L  U  B  V  G
B  L  O  B  Q  D
R  R  P  P  U  R
B  Y  I  X  I  O
G  R  I  N  T  P
```

Grin   Drop

Quit   Plot

Blob   Club

4-LETTER WORD MIXUP

Look for the words going across or down.

```
L O O K Z A
Z B C L O G
C E S K I P
L N Y L P N
A D V V W G
P F L A B I
```

Clap   Bend

Skip   Look

Flab   Clog

29

4-LETTER WORD MIXUP

Look for the words going across or down.

```
L I C K B E
V Y E F U S
I K Y X M E
C L A M P L
T A L L U L
D R I P R X
```

Clam   Lick

Tall   Bump

Drip   Sell

SUMMER

Look for the words going across or down.

```
F N R A X K
T B I K E S
D F N H G U
T R I P M N
F U N H O T
P O O L Q T
```

Sun   Pool

Hot   Fun

Trip   Bike

31

FAMILY

Look for the words going across or down.

X	T	P	E	T	F
N	Q	I	O	Q	F
H	O	M	E	B	L
B	E	P	V	A	O
M	O	M	Q	B	V
D	A	D	Z	Y	E

Mom   Love

Home   Dad

Baby   Pet

CLOCK

Look for the words going across or down.

H	A	N	D	Q	T
T	I	M	E	H	O
F	A	C	E	O	C
L	C	M	N	U	K
A	T	Z	Y	R	U
T	I	C	K	G	D

Tick   Hour

Tock   Hand

Time   Face

33

ON THE WATER

Look for the words going across or down.

```
I F O A M B
W S H I P U
A V H G Y O
V B Z X U Y
E B O A T N
S K I S T G
```

Boat   Wave

Skis   Foam

Ship   Buoy

34

NUMBERS

Look for the words going across or down.

E	F	N	O	N	E	E
F	O	I	Q	Q	A	
I	U	N	N	A	Z	
V	R	E	S	I	X	
E	T	W	O	N	P	
O	S	U	O	Q	G	

One   Four

Five   Six

Two   Nine

FUN SOUNDS

Look for the words going across or down.

I	P	B	O	O	M
B	A	N	G	A	C
B	X	Z	Z	M	L
A	Q	I	A	W	L
M	S	N	P	O	W
N	H	G	P	G	O

Boom   Pow

Zap   Zing

Bam   Bang

36

PHONE

Look for the words going across or down.

U	T	H	D	M	K
G	A	E	I	S	U
E	L	A	A	O	R
V	K	R	L	P	I
F	H	O	L	D	N
T	E	X	T	M	G

Ring   Text

Dial   Talk

Hold   Hear

MONEY

Look for the words going across or down.

B U C K J N
C B S A V E
A A G O L D
S N M G Q E
H K Q N S P
M F C O I N

Coin   Bank

Gold   Save

Buck   Cash

38

POND

Look for the words going across or down.

U	P	L	I	L	Y
F	R	O	G	D	K
N	A	I	T	O	D
K	Y	J	P	C	U
B	A	S	S	K	C
T	O	A	D	U	K

Bass   Toad

Duck   Lily

Frog   Dock

39

MOUNTAINS

EASY

Look for the words going across or down.

F T B B K K
I R A J P O
T E S I E P
R E E U A A
S N O W K T
H I K E K H

Tree   Peak

Snow   Path

Hike   Base

40

FARM

Look for the words going across or down.

```
L H O R S E
A M P I G H
M K I B J A
B A Z A Q Y
S O F R B C
C O W N X J
```

Pig   Hay

Horse   Barn

Cow   Lamb

41

BODY

Look for the words going across or down.

F	H	A	I	R	N
E	S	B	Y	Z	C
E	N	O	S	E	I
T	H	A	N	D	S
A	R	M	I	Y	Y
E	Y	E	S	B	L

Eyes   Nose

Hands   Feet

Arm   Hair

42

BUGS

Look for the words going across or down.

```
D F L Y W A
Q H V R O N
B E E X R T
R J J W M B
S P I D E R
S N A I L L
```

Ant   Bee

Spider   Snail

Fly   Worm

43

HOUSE

Look for the words going across or down.

```
D  W  R  O  O  M
O  I  Y  H  R  W
O  N  R  A  M  A
R  D  O  L  D  L
S  O  O  L  R  L
V  W  F  G  D  K
```

Wall   Hall

Roof   Window

Door   Room

44

NAMES

Look for the words going across or down.

```
D  Q  H  B  L  J
R  C  A  I  I  O
G  C  A  L  S  H
S  A  M  L  A  N
B  E  T  H  K  O
T  H  B  O  B  X
```

Bob   Bill

 NAME   Sam   Lisa

Beth   John

45

PARTY

Look for the words going across or down.

```
W  S  G  I  F  T
I  O  L  H  K  J
S  N  L  A  P  R
H  G  M  T  F  O
C  A  K  E  Z  H
C  A  N  D  L  E
```

Cake   Hat

Candle   Wish

Gift   Song

46

PLANT

Look for the words going across or down.

S L H F Q G
E E H L L R
E A U O B A
D F L W U S
T R E E S S
M M X R H B

Tree   Leaf

Flower   Seed

Grass   Bush

CAMPING

Look for the words going across or down.

```
Z  L  D  F  G  T
L  O  M  I  B  E
A  G  L  R  E  N
X  S  P  E  A  T
E  A  Y  Z  R  E
F  O  R  E  S  T
```

Fire	Bear
Logs	Axe
Tent	Forest

GARDEN

Look for the words going across or down.

```
R  O  C  K  D  H
L  U  N  X  W  O
D  I  R  T  T  S
R  O  S  E  S  E
W  O  R  M  G  U
U  C  S  B  U  G
```

Bug   Worm

Roses   Dirt

Hose   Rock

49

JUMP

Look for the words going across or down.

B	H	O	P	R	H
O	D	L	I	A	I
U	R	E	I	I	G
N	O	A	U	R	H
C	P	P	J	R	B
E	E	A	G	P	D

Rope   Bounce

High   Hop

Air   Leap

50

PARK

Look for the words going across or down.

```
Z W M K R T
G D Z I U S
K V M T N L
I Y K E L I
D P L A Y D
S W I N G E
```

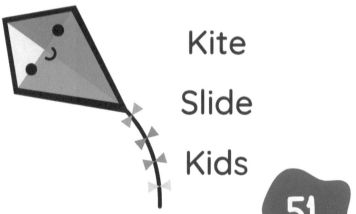

Kite   Run

Slide   Play

Kids   Swing

51

S IS FOR...

Look for the words going across or down.

```
V  S  E  N  D  P
S  L  O  T  H  S
H  T  J  J  Z  I
O  S  A  W  Z  D
W  F  W  Q  K  E
S  M  A  L  L  I
```

Sloth   Side

Show   Saw

Small   Send

OPPOSITES

Look for the words going across or down.

H	O	T	G	D	R
L	X	N	O	E	N
D	W	I	O	J	C
A	S	G	D	H	O
Y	L	H	Q	U	L
Z	Q	T	B	A	D

Night   Day

Hot   Cold

Good   Bad

53

DRINK

Look for the words going across or down.

```
G  L  A  S  S  S  V
Z  C  T  H  H  L
J  U  I  C  E  S
A  P  C  V  W  O
Q  U  E  J  R  D
S  T  R  A  W  A
```

Juice   Glass

Ice   Straw

Soda   Cup

54

WAYS TO FALL

Look for the words going across or down.

```
C  T  P  L  O  P
L  R  D  S  P  T
W  I  R  L  M  D
X  P  O  I  X  I
I  U  P  P  D  V
T  U  M  B  L  E
```

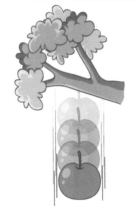

Trip	Tumble
Drop	Plop
Slip	Dive

55

ART

Look for the words going across or down.

L I N E P C

T U D D A G

Z X N R I L

X O Q A N U

I N K W T E

B R U S H L

Draw   Glue

Ink   Paint

Line   Brush

56

CALENDAR

Look for the words going across or down.

```
M  T  I  M  E  Q
O  V  I  W  V  F
N  D  G  Y  A  W
T  A  V  E  N  E
H  T  D  A  Y  E
N  N  E  W  R  K  K
```

Date   Month

Day   Year

Week   Time

FEELINGS

Look for the words going across or down.

```
X  I  W  H  S  W  U  U
O  M  A  Z  J  S  S  J
H  A  P  P  Y  P  J  L
P  D  L  S  A  D  P  W
S  I  L  L  Y  E  C  W
L  A  Z  Y  A  F  O  B
S  L  E  E  P  Y  V  R
W  C  P  F  X  O  M  N
```

Happy	Lazy
Sad	Silly
Sleepy	Mad

SPACE

Look for the words going across or down.

```
X N E S P A C E
U G A E O S D M
G O R F A N D O
W J T F L D K O
J W H J I W S N
X B M P E B T I
V Z Z E N V A L
C O M E T Q R G
```

Moon   Comet

Alien   Earth

Star   Space

59

ZOO

Look for the words going across or down.

```
K H W Z T T U U
S W A E O M J A
N H N B U H D Y
A D E R C N R R
K Q I A A E I A
E N W Y N M Y P
T I G E R B U E
H I P P O A V N
```

Hippo   Tiger

Toucan   Snake

Ape   Zebra

60

PETS

Look for the words going across or down.

B T T V W G V I
K O L F O S L M
Q V M B C A T F
S V C I V S V I
T N R R T C Q S
S I M D P P J H
L I Z A R D O G
R Q T U R T L E

Cat   Bird

Turtle   Dog

Fish   Lizard

61

COLORS

Look for the words going across or down.

```
I  B  K  J  D  H  B  B
R  C  K  O  E  G  L  L
E  U  P  W  Z  R  P  U
D  S  Z  L  W  E  I  E
P  U  R  P  L  E  N  X
H  L  P  R  M  N  K  F
Y  E  L  L  O  W  I  P
H  Z  L  N  A  O  F  I
```

Pink	Green
Yellow	Red
Blue	Purple

62

TYPES OF HOMES MEDIUM

Look for the words going across or down.

```
J  B  T  W  X  C  G  H
S  U  Y  O  A  A  H  A
M  R  N  Q  X  V  O  Z
U  R  O  D  N  E  L  A
N  O  L  E  W  F  E  J
J  W  E  N  J  X  G  Y
N  E  S  T  Y  Q  V  J
H  O  U  S  E  P  U  H
```

Den   House

Nest   Cave

Hole   Burrow

63

IN THE SKY

Look for the words going across or down.

```
I  W  B  W  R  I  W  F
G  E  F  A  I  H  B  J
E  S  Y  N  L  D  K  E
V  R  O  C  K  E  T  T
W  Z  N  K  O  S  C  J
B  I  R  D  V  L  S  X
D  S  T  A  R  H  U  D
Q  C  L  O  U  D  N  W
```

Sun   Bird

Rocket   Jet

Star   Cloud

BEACH

Look for the words going across or down.

```
R Q G P W Q U G
E S J E B X X X
T I L M A X F N
V J Y K L S S C
P C D B L W A Y
W A T E R I N U
S H E L L M D I
F L O A T Q P A
```

Ball

Water

Swim

Sand

Shell

Float

65

SCHOOL

Look for the words going across or down.

```
L N B L E I V K
W P A P E R F V
T E A C H E R P
D L E A Y K D N
G I O F B U S L
O B Q S D E S K
N H B O O K Z O
I Q P E N C I L
```

Bus   Pencil

Book   Teacher

Desk   Paper

66

BIRDS

Look for the words going across or down.

```
Y  J  A  K  H  L  V  T
P  R  H  F  G  A  A  S
A  P  L  X  O  H  F  Y
R  E  Z  A  O  W  M  C
R  O  J  O  S  S  C  H
O  W  L  Z  E  U  R  I
T  L  D  O  V  E  O  C
U  G  Y  O  O  P  W  K
```

Owl   Crow

Goose   Chick

Dove   Parrot

67

MUSIC

Look for the words going across or down.

```
Z G P I A N O I
U N T K H H W M
Q O S A I A P L
K P O V T R T Q
B Z N L H P T M
X T G U I T A R
V I O L I N H A
G W N O T E S L
```

Song   Violin

Guitar   Piano

Notes   Harp

68

PUPPY

HARD

Look for the words going across, down and diagonal.

```
D  P  X  L  E  A  S  H
J  I  W  A  L  K  P  E
F  C  G  X  D  Y  Z  M
T  Y  B  O  N  E  L  P
G  A  D  T  M  W  P  A
E  S  I  S  B  N  A  W
U  B  D  L  C  M  L  G
S  J  W  A  G  T  B  X
```

Pal

Tail

Leash

Bone

Wag

69

Dig

Walk

Paw

COOKING

Look for the words going across, down and diagonal.

```
K  S  A  C  I  I  J  P
M  T  J  B  P  I  W  W
Q  O  S  I  A  P  A  N
F  V  W  M  K  K  N  D
A  E  H  U  J  Y  E  W
O  V  E  N  K  M  P  T
B  O  W  L  O  I  O  J
S  P  O  O  N  X  T  L
```

Bake
Pot
Oven

Pan
Stove

Bowl
Spoon
Mix

70

HIDE N SEEK

Look for the words going across, down and diagonal.

```
S  Y  E  L  L  C  P  L
N  D  R  H  L  H  K  W
E  S  I  D  T  A  G  H
A  E  O  I  F  S  Y  I
K  O  Q  O  I  E  N  D
Y  A  J  A  N  R  V  E
V  T  S  O  D  J  U  C
C  O  U  N  T  L  R  N
```

Hide   Run   Yell

Tag   Count   Chase

Find   Sneaky

71

THINGS THAT GO

Look for the words going across, down and diagonal.

P	L	F	D	O	P	L	A
J	S	V	V	X	L	M	S
T	R	U	C	K	A	Y	L
B	E	E	P	R	N	B	C
C	O	Z	E	L	E	O	W
A	Y	A	T	R	A	I	N
R	D	C	T	V	A	N	L
Z	O	O	M	W	S	O	H

Boat
Plane
Train

Truck
Car

Beep
Zoom
Van

72

FOOTBALL

Look for the words going across, down and diagonal.

```
C  R  G  B  F  Y  N  D
K  H  I  Z  A  B  F  L
F  V  E  S  W  L  N  O
W  I  N  E  C  R  L  S
V  Z  G  Z  R  O  H  E
T  E  A  M  N  E  R  E
G  A  M  E  I  L  Y  E
S  Y  S  J  P  L  A  Y
```

Play
Team
Game

Cheer
Win

Lose
Score
Ball

73

BEDTIME

HARD

Look for the words going across, down and diagonal.

```
D  B  S  L  E  E  P  N
S  R  M  X  D  J  A  I
D  T  E  O  M  N  J  G
B  Z  A  A  O  Y  A  H
G  R  T  R  M  N  M  T
B  A  A  B  S  M  A  L
U  E  A  X  E  B  S  S
S  T  O  R  Y  D  G  B
```

Bed   Pajamas   Stars

Moon   Night   Sleep

Story   Dream

74

PLAY TIME

Look for the words going across, down and diagonal.

```
T  Q  T  J  E  P  V  I
O  G  R  U  F  R  O  P
Z  D  I  M  R  E  N  L
B  O  K  P  I  T  D  A
T  K  E  V  E  E  T  U
D  O  L  L  N  N  Z  G
V  J  Y  A  D  D  V  H
R  U  N  S  Z  P  K  L
```

Toys
Doll
Jump

Friend
Laugh

Trike
Run
Pretend

CLOTHES

Look for the words going across, down and diagonal.

```
Y  S  H  I  R  T  T  O
D  R  E  S  S  P  P  F
N  F  L  P  C  A  P  O
V  H  C  C  P  N  S  C
J  Y  Y  W  Q  T  O  I
S  H  O  R  T  S  C  U
J  S  H  O  E  S  K  D
W  H  C  O  A  T  S  B
```

Cap

Shoes

Dress

Shorts

Coat

Socks

Shirt

Pants

76

BLANKET

Look for the words going across, down and diagonal.

```
M  S  N  U  G  G  L  E
Q  K  R  F  V  M  O  H
B  L  A  N  K  I  E  W
H  M  P  W  A  R  M  R
U  F  H  R  T  X  S  A
S  V  H  V  V  M  A  P
C  O  Z  Y  S  O  F  T
F  U  Z  Z  Y  S  E  W
```

Cozy   Blankie   Fuzzy

Soft   Safe   Wrap

Warm   Snuggle

77

ICE CREAM

Look for the words going across, down and diagonal.

```
F U D G E T T B
B S P U Y M E C
O X C V M U H O
S Q S U Q V M N
W C P C P E Z E
I O Q U O C U S
R L Z Q I O L L
L D A I R Y P N
```

Scoop Cone Dairy

Yum Cup Swirl

Cold Fudge

78

BATH TIME

Look for the words going across, down and diagonal.

Q I J D S B A T
D U C K Y U W O
D M D R T B A W
P T I R P B S E
S B R V J L H L
O M T C L E A N
A O Y G X S E R
P T U B C F O I

Tub

Soap

Ducky

Bubbles

Clean

79

Wash

Dirty

Towel

GRANDPARENTS

Look for the words going across, down and diagonal.

```
U  C  I  U  U  H  M  F
F  X  N  H  L  U  Q  U
G  C  L  A  U  G  H  N
L  J  A  A  M  S  B  D
L  P  G  N  C  M  J  Y
K  I  N  D  D  E  A  T
S  P  O  I  L  Y  X  O
J  O  K  E  S  W  A  F
```

Candy   Jokes   Kind
Spoil   Eat   Laugh
Fun   Hugs

80

FOOD

Look for the words going across, down and diagonal.

```
P  B  C  F  R  U  I  T
I  V  P  H  C  C  T  Q
Z  I  C  B  E  L  Y  J
Z  W  I  X  C  E  H  L
A  P  A  S  T  A  S  B
N  U  G  G  E  T  S  E
B  U  R  G  E  R  E  T
T  A  C  O  O  K  I  E
```

Nuggets   Pizza   Cookie
Burger   Taco   Pasta
Cheese   Fruit

81

UNDER THE SEA

Look for the words going across, down and diagonal.

```
R F I S H R P C
E P S H M L L H
W W H A L E A E
J V A H V B N S
S H R I M P T T
U K K P M L S H
Z W C R A B U F
W A T E R B G W
```

Shrimp   Water   Plants

Crab   Fish   Chest

Shark      Whale

82

SPRING

Look for the words going across, down and diagonal.

```
R  F  F  E  H  A  R  G
A  G  L  G  R  E  E  N
I  N  B  I  J  S  T  E
N  G  E  U  J  J  Z  E
I  Z  S  S  N  Y  K  E
F  R  O  G  T  N  U  G
P  U  D  D  L  E  Y  G
H  T  V  S  B  U  D  S
```

Bunny   Buds   Eggs
Frog   Nest   Green
Puddle   Rain

83

KITTEN

Look for the words going across, down and diagonal.

P H M O U S E C
N X U C C A Y L
D F V N D I P A
Y A R N T V Q W
C L I M B F J T
B W G E N G U R
N A P O K W I E
Q U K W M R R E

Climb

Yarn

Meow

Mouse

Tree

Claw

Hunt

Nap

84

COW

Look for the words going across, down and diagonal.

M I V H O I F Z
I B M O O M A Q
L B A Z C S R G
K B N R F P M R
R P L W N O W A
Q Y I A D T A S
O E L F C S J S
W H I T E K L G

Grass
Milk
Spots

White
Farm

85

Black
Barn
Moo

DESSERT

Look for the words going across, down and diagonal.

```
B R O W N I E I
O T C Y R L P C
L P L D F Z I I
P Y Q C I A E N
X T R E A T W G
P V C O O K I E
I B A K E F E R
S W E E T O R Q
```

Pie   Cookie   Sweet

Cake   Bake   Brownie

Treat   **86**   Icing

FRUIT

HARD

Look for the words going across, down and diagonal.

```
G  T  O  M  A  T  O  D
B  R  C  H  E  C  M  P
B  A  A  P  P  L  E  L
Y  E  N  P  P  K  H  U
L  F  R  A  E  A  F  M
X  U  O  R  N  H  N  I
K  I  W  I  Y  A  X  I
E  J  O  R  A  N  G  E
```

Kiwi
Apple
Orange

Grape
Plum

87

Berry
Tomato
Banana

FALL

Look for the words going across, down and diagonal.

```
N A W C R I S P
A C O R N X D N
L E A V E S I I
U R S G G J A K
C H I L L Y L P
B L B P E Y P M
M P E D I C L U
R A K E C E C P
```

Chilly
Pumpkin
Plaid

Rake
Crisp

88

Acorn
Pie
Leaves

BABY ANIMALS

Look for the words going across, down, up and diagonal.

```
K J F H C A L F
N I O A V G P X
A G T E W S I W
Y D P T Y N G Y
D Q R O E Q L P
B B U U N N E P
U J H H U Y T U
C G Y I C M K P
```

Puppy   Joey   Piglet
Calf   Fawn   Cub
Pony   Kitten

89

BODIES OF WATER

Look for the words going across, down, up and diagonal.

```
X  B  F  R  I  V  E  R
M  L  C  R  E  E  K  B
A  A  J  P  X  V  E  B
E  K  L  U  O  S  J  A
R  E  S  O  A  N  I  Y
T  X  E  Y  N  O  D  D
S  W  A  A  F  P  H  Y
K  G  R  B  O  Z  B  F
```

Bayou Bay River

Lake Sea Creek

Pond Stream

COLORING

HARD

Look for the words going across, down, up and diagonal.

```
B K J X E F K C
I O P P A G E R
H T O E R C A A
B D C K N D S Y
L I N E S C K O
C R E A T E I N
P I C T U R E L
W C O L O R B X
```

Book Crayon Page

Lines Pencil Create

Color Picture

91

GUMMY CANDY

HARD

Look for the words going across, down, up and diagonal.

```
K X V F I R B T
B E A R S Z Q F
T M B U O U K L
C T Y I U K O A
H E W O R M S V
E E S U G A R O
W W D P L V X R
Y S H R I N G S
```

Sugar   Sour   Rings
Sweet Bears Chewy
Worms   Flavors

92

MY TEETH

HARD

Look for the words going across, down, up and diagonal.

```
C A V I T Y E P
L T U B E K J A
E W G U R O Z S
M F H U C U H T
A V W I M F S E
N V H P T S Z H
E E K Q N E H Q
Y R O O T C C G
```

White Cavity Paste
Tube   Root   Gums
Brush   Enamel

93

CHORES

Look for the words going across, down, up and diagonal.

V W I P E C S O
S A L S W E E P
E M C K I Q D W
H T O U S M L W
S S Z P U I O A
I U S P X M F S
D D Q K Q R Z H
O G J X H N F V

Sweep Wash Dust
Mop Wipe Dishes
Fold Vacuum

94

SEE THE DOCTOR

Look for the words going across, down, up and diagonal.

```
E N U R S E Z W
K L O F F I C E
C O L D U R C U
N Q Q Y O E S K
C O U G H V H R
S N E E Z E O E
E E V K M F T H
K P D G W O A L
```

Sick   Cold   Sneeze

Fever   Cough   Office

Shot   95   Nurse

BOARD GAMES

Look for the words going across, down, up and diagonal.

```
U V R H H R U X
L O S E R U X D
I F H Q S L S R
H H H T M E D A
D I C E A S R O
P I E C E S A B
K V K Z T W C G
W I N N E R Q U
```

Pieces Board Winner
Cards Rules Loser
Dice Teams

96

BEARS

Look for the words going across, down, up and diagonal.

```
Z J J C J S F W
K P G C P C O A
C B P O L A R D
A P D S P K C N
L D Y G M O U A
B R O W N A B P
G R I Z Z L Y A
T E D D Y A R U
```

Black Teddy Grizzly

Polar Cub Koala

Panda Brown

97

BEES

HARD

Look for the words going across, down, up and diagonal.

```
X C P N C O M B
H Y A E N D N X
R M D C E E E Y
X N L T E V L E
X R R A U I L N
A D K R Q H O O
W O R K E R P H
P Y F E I E K C
```

Queen Hive Honey

Comb Wax Pollen

Nectar Worker

98

RAIN

Look for the words going across, down, up and diagonal.

T H U N D E R J
P W S T O R M R
K O W E T N K E
D B U D C H M W
U N V R R N B O
O I L E I O R H
L A X J B N P S
C R U U Y U G S

Pouring Wet Rainbow
Drops Cloud Storm
Shower   Thunder

FINISHED

Look for the words going across, down, up and diagonal.

```
M T E N D R R N
P R O U D F I W
I R L K M I B G
R A A E Y N B E
E Q Z I U A O N
V P P I S L N O
O Y G M B E B D
A W A R D U G H
```

Done   Over   Praise
End   Proud   Award
Final   100   Ribbon

ANSWER KEYS BEGINNER

1

```
B F O (B E E)
T H V M F R
M X J L H (B
F D O H A E
I A (B E E)(E
I D (B E E) W
```

2

```
T K K (D O G)
M G H T K U
Z (D O G) D U
B Z M K T C
(D O G) C N Y
(D O G) D K H
```

3

```
X N (P I G) P
L Q A H F (P
O (P) C S B (I
C (I) B L (P) (G
Q (G) A H (I) R
Q K U Y (G) D
```

4

```
(F) P Z Y G S
(I) P H J M (F)
(S)(F I S H)(I)
(H) J F J V (S)
B P M B G (H)
(F I S H) R N
```

5

S	Y	R	A	F	G
T	A	S	T	A	R
A	Q	S	T	A	R
R	J	F	A	J	U
A	Y	S	T	A	R
P	D	E	G	E	H

6

S	L	L	P	X	A
B	J	F	L	K	D
G	H	G	K	I	K
O	F	N	H	N	I
K	I	N	G	G	N
K	I	N	G	J	G

7

Z	D	E	Z	A	F
F	R	U	I	T	R
F	R	U	I	T	U
D	J	W	V	Y	I
Q	S	Q	Q	N	T
F	R	U	I	T	G

8

D	T	P	H	J	Z	V	P
Q	W	I	L	T	J	F	I
M	W	Z	F	E	J	D	Z
K	K	Z	L	G	R	N	Z
F	Z	A	P	I	Z	Z	A
W	D	X	U	Y	F	J	X
B	Q	P	T	J	V	F	F
P	I	Z	Z	A	H	A	K

9

```
O E F J F S S F
L W H A L E W M
A Y P N D L H O
D K B S G A A H
W H A L E W L L
R S S L A I E P
X T A E X Y E R
W H A L E Z I X
```

10

```
L I Z A R D S G
L Q C S I A N R
I C T L M I M E
Z Y L I Z A R D
A O L I Z A R D
R G R A O J J W
D O Q E X I E V
C P Q C H D Z X
```

11

```
S T U R T L E Z
K L W G T D F H
J Y F E U S W L
J H Y H R J E K
F T U R T L E A
T U R T L E J M
B E W I E Y C E
M A Q O I W Z S
```

12

```
N Y S W R M G E
M I Y Z I O Z T
O H U Q X N Z E
N F M O N K E Y
K W Y G M E P X
E Y W E F Y N R
Y M O N K E Y Y
A I N M S F L B
```

ANSWER KEYS EASY

13

```
W  I  H (P  A  M)
T (J  A  M) A    S
D  M  C  O  E    C
J  H  L  J  X    A
F (D  A  M) A    M
(W  H  A  M) M   D
```

14

```
H  L  T  C  R  Z
Y  B (F  A  T) T
O  A  P  W  R  H
C  J  P  R  H  A
A  N  A (B  A  T)
T  D  T (M  A  T)
```

15

```
U  A  K  H (B) Z
L (W  E  D)(E)(F)
E (R) R  B  D  E
D (E) F  Y  M  D
G (D) Q  M  Q  J
D  F (S  H  E  D)
```

16

```
X  L  W  Y  C  I
(M) U  P  W  B  U
(E)(T)(P  E  N) Z
(N)(H)(W  H  E  N)
(T  E  N)(H  E  N)
G (N) Y  M  J  U
```

ANSWER KEYS — EASY

17

```
Z  P  C  X  Y  P
K  X  F  I  N  F
I  Q  V  N  S  P
N  M  U  X  K  I
T  W  I  N  I  N
P  N  W  I  N  P
```

Found words: FIN, TWIN, WIN, SKIN, SPIN, KIN

18

```
Q  T  Y  T  M  L
I  X  D  I  P  F
S  H  I  P  W  L
C  H  I  P  H  I
X  D  I  J  I  P
T  U  O  Y  P  P
```

Found words: DIP, SHIP, CHIP, WHIP, FLIP

19

```
F  U  P  H  Z  S
R  D  O  G  H  M
O  K  J  D  O  O
G  X  K  Q  G  G
E  V  B  O  G  Y
J  P  T  L  O  G
```

Found words: DOG, FROG, BOG, LOG, SMOG, HOG

20

```
D  O  T  P  O  T
R  R  B  S  S  V
F  O  A  H  P  F
G  H  I  O  O  L
O  L  X  T  T  X
T  H  O  T  J  N
```

Found words: DOT, POT, SHOT, SPOT, GOT, HOT

21

```
H U B  U H P
Y F L N T T
R Q L M H U
U L Y D G B
B G R U B D
X C U B C N
```

22

```
R X O M U F
S R T I C S
H R U T U Z
U I H U T N
T B U T X U
Y A A J W T
```

23

```
D Z B M P J
R A T N E E
N H A M N T
F J L T H M
A W Z C A P
N U I H F D
```

24

```
D J O B T R
S I P K Q Z
A Y O E M G
V B U N U U
C O P F G T
S Z F K N D
```

25

```
M Z S L L V
K E T V L E
A W C U I T
X U C E P R
C O T L O T
P U G M E N
```

26

```
K P P E K H
T G O M R O
H S P R B W
E A P U I W
K T T G T H
Y Q Z I K E
```

27

```
C H I N N B
T A L A T S
W Q S T C L
T W I G R A
D R A G A M
S H E D B M
```

28

```
P L O T Q F
C L U B V G
B L O B Q D
R R P P U R
B Y I X I O
G R I N T P
```

ANSWER KEYS EASY

29

```
(L O O K) Z A
Z (B (C L O G)
C E (S K I P)
L N Y L P N
A D V V W G
P (F L A B) I
```

30

```
(L I C K)(B  E
V Y E F U  S
I K Y X M  E
(C L A M P) L
(T A L L) U  L
(D R I P) R  X
```

31

```
F N R A X K
T (B I K E S)
D F N H G U
(T R I P) M N
(F U N)(H O T)
(P O O L) Q T
```

32

```
X T (P E T) F
N Q I O Q F
(H O M E)(B (L
B E P V A O
(M O M) Q B V
(D A D) Z Y E
```

ANSWER KEYS EASY

33

```
H A N D  Q  T
T I M E  H  O
F A C E  O  C
L C M N  U  K
A T Z Y  R  U
T I C K  G  D
```

34

```
I  F O A M  B
W  S H I P  U
A  V H G Y  O
V  B Z X U  Y
E  B O A T  N
S K I S  T  G
```

35

```
E F N O N E
F O I Q Q A
I U N N A Z
V R E S I X
E T W O N P
O S U O Q G
```

36

```
I P B O O M
B A N G A C
B X Z Z M L
A Q I A W L
M S N P O W
N H G P G O
```

ANSWER KEYS EASY

37

```
U  T  H  D  M  K
G  A  E  I  S  U
E  L  A  A  O  R
V  K  R  L  P  I
F  H  O  L  D  N
T  E  X  T  M  G
```

38

```
B  U  C  K  J  N
C  B  S  A  V  E
A  A  G  O  L  D
S  N  M  G  Q  E
H  K  Q  N  S  P
M  F  C  O  I  N
```

39

```
U  P  L  I  L  Y
F  R  O  G  D  K
N  A  I  T  O  D
K  Y  J  P  C  U
B  A  S  S  K  C
T  O  A  D  U  K
```

40

```
F  T  B  B  K  K
I  R  A  J  P  O
T  E  S  I  E  P
R  E  E  U  A  A
S  N  O  W  K  T
H  I  K  E  K  H
```

ANSWER KEYS MEDIUM

41

```
L H O R S E
A M P I G H
M K I B J A
B A Z A Q Y
S O F R B C
C O W N X J
```

42

```
F H A I R N
E S B Y Z C
E N O S E I
T H A N D S
A R M I Y Y
E Y E S B L
```

43

```
D F L Y W A
Q H V R O N
B E E X R T
R J J W M B
S P I D E R
S N A I L L
```

44

```
D W R O O M
O I Y H R W
O N R A M A
R D O L D L
S O O L R L
V W F G D K
```

ANSWER KEYS MEDIUM

45

```
D  Q  H  B  L  J
R  C  A  I  I  O
G  C  A  L  S  H
S  A  M  L  A  N
B  E  T  H  K  O
T  H  B  O  B  X
```

Words found: SAM, BETH, BOB, BLIL(BILL), LISA, JOHN

46

```
W  S  G  I  F  T
I  O  L  H  K  J
S  N  L  A  P  R
H  G  M  T  F  O
C  A  K  E  Z  H
C  A  N  D  L  E
```

Words found: WISH, SONG, GIFT, CAKE, CANDLE

47

```
S  L  H  F  Q  G
E  E  H  L  L  R
E  A  H  O  B  A
D  F  U  W  U  S
T  R  E  E  S  S
M  M  X  R  H  B
```

Words found: SEED, LEAF, TREE, FLOWER, BUSH, GRASS

48

```
Z  L  D  F  G  T
L  O  M  I  B  E
A  G  L  R  E  N
X  S  P  E  A  T
E  A  Y  Z  R  E
F  O  R  E  S  T
```

Words found: AXE, LOGS, FIRE, BEAR, TENT, FOREST

49

```
R O C K  D  H
L U N X W  O
D I R T  T  S
R O S E S   E
W O R M  G U
U C S  B U G
```

50

```
B  H O P  R  H
O  D  L  I  A  I
U  R  E  I  I  G
N  O  A  U  R  H
C  P  P  J  R  B
E  E  A  G  P  D
```

51

```
Z W M  K  R  T
G D Z  I  U  S
K V M  T  N  L
I Y K  E  L  I
D  P L A Y  D
S W I N G  E
```

52

```
V  S E N D  P
S  L O T H  S
H T J J Z  I
O  S A W  Z  D
W F W Q K  E
S M A L L  I
```

53

H	O	T	G	D	R
L	X	N	O	E	N
D	W	I	O	J	C
A	S	G	D	H	O
Y	L	H	Q	U	L
Z	Q	T	B	A	D

54

G	L	A	S	S	V
Z	C	T	H	H	L
J	U	I	C	E	S
A	P	C	V	W	O
Q	U	E	J	R	D
S	T	R	A	W	A

55

C	T	P	L	O	P
L	R	D	S	P	T
W	I	R	L	M	D
X	P	O	I	X	I
I	U	P	P	D	V
T	U	M	B	L	E

56

L	I	N	E	P	C
T	U	D	D	A	G
Z	X	N	R	I	L
X	O	Q	A	N	U
I	N	K	W	T	E
B	R	U	S	H	L

57

```
M  T  I  M  E  Q
O  V  I  W  V  F
N  D  G  Y  A  W
T  A  V  E  N  E
H  T  D  A  Y  E
N  E  W  R  K  K
```

58

```
X  I  W  H  S  W  U  U
O  M  A  Z  J  S  S  J
H  A  P  P  Y  P  J  L
P  D  L  S  A  D  P  W
S  I  L  L  Y  E  C  W
L  A  Z  Y  A  F  O  B
S  L  E  E  P  Y  V  R
W  C  P  F  X  O  M  N
```

59

```
X  N  E  S  P  A  C  E
U  G  A  E  O  S  D  M
G  O  R  F  A  N  D  O
W  J  T  F  L  D  K  O
J  W  H  J  I  W  S  N
X  B  M  P  E  B  T  I
V  Z  Z  E  N  V  A  L
C  O  M  E  T  Q  R  G
```

60

```
K  H  W  Z  T  T  U  U
S  W  A  E  O  M  J  A
N  H  N  B  U  H  D  Y
A  D  E  R  C  N  R  R
K  Q  I  A  A  E  I  A
E  N  W  Y  N  M  Y  P
T  I  G  E  R  B  U  E
H  I  P  P  O  A  V  N
```

ANSWER KEYS MEDIUM

61

```
B T T V W G V I
K O L F O S L M
Q V M B C A T F
S V C I V S V I
T N R R T C Q S
S I M D P P J H
L I Z A R D O G
R Q T U R T L E
```

62

```
I B K J D H B B
R C K O E G L L
E U P W Z R P U
D S Z L W E I E
P U R P L E N X
H L P R M N K F
Y E L L O W I P
H Z L N A O F I
```

63

```
J B T W X C G H
S U Y O A A H A
M R N Q X V O Z
U R O D N E L A
N O L E W F E J
J W E N J X G Y
N E S T Y Q V J
H O U S E P U H
```

64

```
I W B W R I W F
G E F A I H B J
E S Y N L D K E
V R O C K E T T
W Z N K O S C J
B I R D V L S X
D S T A R H U D
Q C L O U D N W
```

65

```
R Q G P W Q U G
E S J E B X X X
T I L M A X F N
V J Y K L S S C
P C D B L W A Y
W A T E R I N U
S H E L L M D I
F L O A T Q P A
```

66

```
L N B L E I V K
W P A P E R F V
T E A C H E R P
D L E A Y K D N
G I O F B U S L
O B Q S D E S K
N H B O O K Z O
I Q P E N C I L
```

67

```
Y J A K H L V T
P R H F G A A S
A P L X O H F Y
R E Z A O W M C
R O J O S S C H
O W L Z E U R I
T L D O V E O C
U G Y O O P W K
```

68

```
Z G P I A N O I
U N T K H H W M
Q O S A I A P L
K P O V T R T Q
B Z N L H P T M
X T G U I T A R
V I O L I N H A
G W N O T E S L
```

ANSWER KEYS HARD

69

```
D P X (L E A S H)
J I(W A L K)P E
F C(G)X D Y Z M
(T Y(B O N E)L (P)
G A D T M W P A
E S I S B N A W
U B D L C M L G
S J(W A G)T B X
```

70

```
K(S)A C I I J P
M T J(B)P I W W
Q O S I A(P A N)
F V W M K K N
A E H U J Y E W
(O V E N)K M P T
(B O W L)O I O J
(S P O O N)X T L
```

71

```
S(Y E L L)C P L
N D R H L H K W
E S I D(T A G)H
A E O I F S Y I
K O Q O I E N D
Y A J A N R V E
V T S O D J U C
(C O U N T)L R N
```

72

```
P L F D O(P)L A
J S V V X L M S
(T R U C K)A Y L
(B E E P)R N B C
C O Z E L E O W
A Y A(T R A I N)
R D C T(V A N)L
(Z O O M)W S O H
```

73

```
C R G B F Y N D
K H I Z A B F L
F V E S W L N O
W I N E C R L S
V Z G Z R O H E
T E A M N E R E
G A M E I L Y E
S Y S J P L A Y
```

74

```
D B S L E E P N
S R M X D J A I
D T E O M N J G
B Z A A O Y A H
G R T R M N M T
B A A B S M A L
U E A X E B S S
S T O R Y D G B
```

75

```
T Q T J E P V I
O G R U F R O P
Z D I M R E N L
B O K P I T D A
T K E V E E T U
D O L L N N Z G
V J Y A D D V H
R U N S Z P K L
```

76

```
Y S H I R T T O
D R E S S P P F
N F L P C A P O
V H C C P N S C
J Y Y W Q T O I
S H O R T S C U
J S H O E S K D
W H C O A T S B
```

ANSWER KEYS HARD

77

```
M S N U G G L E
Q K R F V M O H
B L A N K I E W
H M P W A R M R
U F H R T X S A
S V H V V M A P
C O Z Y S O F T
F U Z Z Y S E W
```

78

```
F U D G E T T B
B S P U Y M E C
O X C V M U H O
S Q S U Q V M N
W C P C P E Z E
I O Q U O C U S
R L Z Q I O L L
L D A I R Y P N
```

79

```
Q I J D S B A T
D U C K Y U W O
D M D R T B A W
P T I R P B S E
S B R V J L H L
O M T C L E A N
A O Y G X S E R
P T U B C F O I
```

80

```
U C I U U H M F
F X N H L U Q U
G C L A U G H N
L J A A M S B D
L P G N C M J Y
K I N D D E A T
S P O I L Y X O
J O K E S W A F
```

81

```
P  B  C  F  R  U  I  T
I  V  P  H  C  C  T  Q
Z  I  C  B  E  L  Y  J
Z  W  I  X  C  E  H  L
A  P  A  S  T  A  S  B
N  U  G  G  E  T  S  E
B  U  R  G  E  R  E  T
T  A  C  O  O  K  I  E
```

82

```
R  F  I  S  H  R  P  C
E  P  S  H  M  L  L  H
W  W  H  A  L  E  A  E
J  V  A  H  V  B  N  S
S  H  R  I  M  P  T  T
U  K  K  P  M  L  S  H
Z  W  C  R  A  B  U  F
W  A  T  E  R  B  G  W
```

83

```
R  F  F  E  H  A  R  G
A  G  L  G  R  E  E  N
I  N  B  I  J  S  T  E
N  G  E  U  J  J  Z  E
I  Z  S  S  N  Y  K  E
F  R  O  G  T  N  U  G
P  U  D  D  L  E  Y  G
H  T  V  S  B  U  D  S
```

84

```
P  H  M  O  U  S  E  C
N  X  U  C  C  A  Y  L
D  F  V  N  D  I  P  A
Y  A  R  N  T  V  Q  W
C  L  I  M  B  F  J  T
B  W  G  E  N  G  U  R
N  A  P  O  K  W  I  E
Q  U  K  W  M  R  R  E
```

ANSWER KEYS HARD

85

```
M I V H O I F Z
I B M O O M A Q
L B A Z C S R G
K B N R F P M R
R P L W N O W A
Q Y I A D T A S
O E L F C S J S
W H I T E K L G
```

86

```
B R O W N I E I
O T C Y R L P C
L P L D F Z I I
P Y Q C I A E N
X T R E A T W G
P V C O O K I E
I B A K E F E R
S W E E T O R Q
```

87

```
G T O M A T O D
B R C H E C M P
B A A P P L E L
Y E N P P K H U
L F R A E A F M
X U O R N H N I
K I W I Y A X I
E J O R A N G E
```

88

```
N A W C R I S P
A C O R N X D N
L E A V E S I I
U R S G G J A K
C H I L L Y L P
B L B P E Y P M
M P E D I C L U
R A K E C E C P
```

89

```
K J F H (C A L F)
N I O A V G P X
A G T E W S I W
Y D P T Y N G Y
D Q R O E Q L P
B B U U N N E P
U J H H U Y T U
C G Y I C M K P
```

90

```
X B F (R I V E R)
M L (C R E E K) B
A A J P X V E B
E K L U O S J A
R E S O A N I Y
T X E Y N O D D
S W A A F P H Y
K G R B O Z B F
```

91

```
B K J X E F K C
I O P (P A G E) R
H T O E R C A A
B D C K N D S Y
(L I N E S) C K O
(C R E A T E) I N
(P I C T U R E) L
W (C O L O R) B X
```

92

```
K X V F I R B T
(B E A R S) Z Q F
T M B U O U K L
C T Y I U K O A
H E (W O R M S) V
E E (S U G A R) O
W W D P L V X R
Y S H (R I N G S)
```

ANSWER KEYS HARD

93

C	A	V	I	T	Y	E	P
L	T	U	B	E	K	J	A
E	W	G	U	R	O	Z	S
M	F	H	U	C	U	H	T
A	V	W	I	M	F	S	E
N	V	H	P	T	S	Z	H
E	E	K	Q	N	E	H	Q
Y	R	O	O	T	C	C	G

94

V	W	I	P	E	C	S	O
S	A	L	S	W	E	E	P
E	M	C	K	I	Q	D	W
H	T	O	U	S	M	L	W
S	S	Z	P	U	I	O	A
I	U	S	P	X	M	F	S
D	D	Q	K	Q	R	Z	H
O	G	J	X	H	N	F	V

95

E	N	U	R	S	E	Z	W
K	L	O	F	F	I	C	E
C	O	L	D	U	R	C	U
N	Q	Q	Y	O	E	S	K
C	O	U	G	H	V	H	R
S	N	E	E	Z	E	O	E
E	E	V	K	M	F	T	H
K	P	D	G	W	O	A	L

96

U	V	R	H	H	R	U	X
L	O	S	E	R	U	X	D
I	F	H	Q	S	L	S	R
H	H	H	T	M	E	D	A
D	I	C	E	A	S	R	O
P	I	E	C	E	S	A	B
K	V	K	Z	T	W	C	G
W	I	N	N	E	R	Q	U

97

```
Z J J C J S F W
K P G C P C O A
C B P O L A R D
A P D S P K C N
L D Y G M O U A
B R O W N A B P
G R I Z Z L Y A
T E D D Y A R U
```

98

```
X C P N C O M B
H Y A E N D N X
R M D C E E E Y
X N L T E V L E
X R R A U I O N
A D K R Q H P O
W O R K E R P H
P Y F E I E K C
```

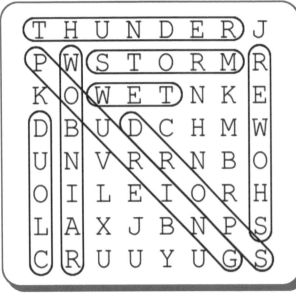

99

```
T H U N D E R J
P W S T O R M R
K O W E T N K E
D B U D C H M W
U N V R R N B O
O I L E I O R H
L A X J B N P S
C R U U Y U G S
```

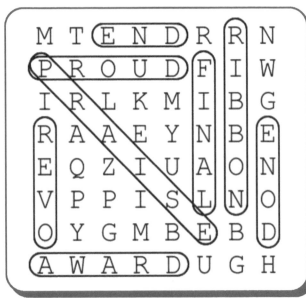

100

```
M T E N D R R N
P R O U D F I W
I R L K M I B G
R A A E Y N B E
E Q Z I U A O N
V P P I S L N O
O Y G M B E B D
A W A R D U G H
```

Made in United States
Troutdale, OR
12/23/2024

27162379R00071